AF399774

GUSTAV KLIMT

Entre el simbolismo y el modernismo

Por Nadège Durant
En colaboración con Angélique Demur
Traducido por Laura Soler Pinson

Arte y literatura 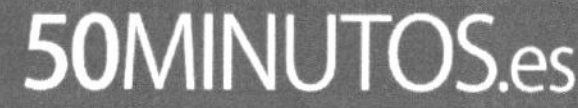

CULTÍVATE
Y NO DEJES DE CRECER

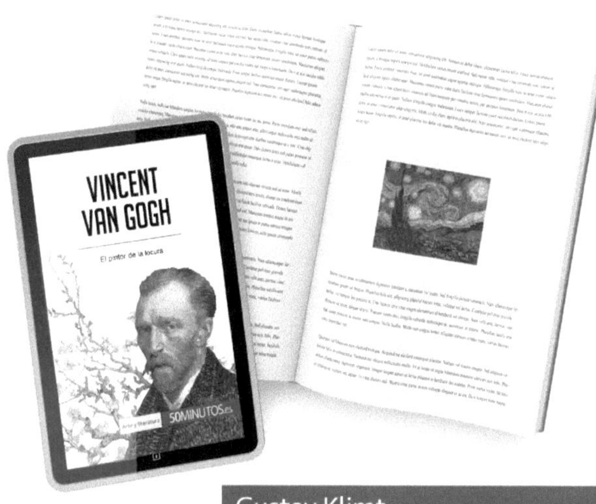

Gustav Klimt

Fernando de Goya

Agatha Christie

El romanticismo

www.50minutos.es

GUSTAV KLIMT

- **¿Nacimiento?** Nacido el 14 de julio de 1862 en Baumgarten (Austria).
- **¿Muerte?** Fallecido el 6 de febrero de 1918 en Viena (Austria).
- **¿Contexto?** Jefe de filas del movimiento del modernismo y del simbolismo vienés.
- **¿Obras principales?**
  - *Palas Atenea* (1898).
  - El *Friso de Beethoven* (1902).
  - La *Filosofía* (1907).
  - *El beso* (1907-1908).
  - *Dánae* (1907-1908).

Gustav Klimt es uno de los miembros más importantes del modernismo que se desarrolla en Viena poco antes de 1900. Este movimiento, al que se denomina la Secesión vienesa en Austria, es el punto de inicio de una auténtica ola de cambio artístico en el país. Así, se considera que Klimt es un artista adelantado a su época.

Al principio de su carrera, se le conoce por sus

decoraciones murales neoclásicas, pero rápidamente se aleja del estilo académico con el que alcanza su éxito para fundar junto a otros la Secesión vienesa. Sus obras incluyen pinturas sobre lienzo, frescos murales, dibujos y otros objetos de arte. Pero no solo se ciñe a esto, puesto que también es decorador, pintor de cartones para tapices y de cartones para mosaicos, ceramista y litógrafo. En sus obras, Gustav Klimt integra elementos sensuales y exóticos y toma como tema principal el cuerpo femenino, al que imprime un erotismo evidente. Su producción artística, innovadora y moderna, presenta toda una galería de personajes, de temas alegóricos, de desnudos, de retratos y de paisajes.

No obstante, el simbolismo sexual y la carga erótica de sus composiciones van más lejos de lo que la burguesía vienesa está dispuesta a aceptar, incluso si están presentadas en forma alegórica. Gustav Klimt, que se erige como el jefe de filas de la modernidad austriaca, choca a los conservadores, lo que genera fuertes polémicas, y recibe la admiración de una nueva generación de artistas de vanguardia. Su fama es tal que, actualmente, la mayoría de sus obras están consideradas piezas clave de la historia del arte.

CONTEXTO

VIENA EN 1900

El trabajo de Gustav Klimt se ve profundamente marcado por la efervescencia de la ciudad en la que vive: Viena. A principios del siglo XX, esta rivaliza con las grandes metrópolis europeas como París, Bruselas y Londres. En efecto, desde un punto de vista económico y demográfico, la capital austrohúngara no deja de crecer, influida por una expansión urbanística y por la inmigración. En 1900, está habitada por dos millones de personas y se encuentra dentro de un Imperio en el que viven cincuenta.

Entonces, el país está en manos del emperador Francisco José I (1830-1916), que reina de 1848 a 1916. Este último moderniza y centraliza la administración austriaca en Viena, que se encuentra en el corazón del Imperio. Al mismo tiempo, ordena que se destruyan las murallas de la ciudad, reduce los derechos de aduana, unifica la fiscalidad, contribuye a la creación de la Universidad de Viena y lleva a cabo otras acciones para situar a la ciudad como el centro económico, artístico y científico del país.

Esta transformación va de la mano con una evolución de las costumbres y de la sociedad vienesa. Muchos inmigrantes que llegan desde todo el Imperio y desde más allá de sus fronteras se instalan en esta metrópoli cosmopolita donde se mezclan pueblos con religiones y con tradiciones diferentes. Este mestizaje cultural contribuye al surgimiento de nuevas capas sociales y nacen los primeros sindicatos y partidos políticos. El emperador Francisco José I, animado por su pueblo, instaura el sufragio universal, aunque se oponga a él por principios. La burguesía creciente, que se convierte en una pieza imprescindible en el ámbito económico, impone su presencia a la aristocracia y desestabiliza a la monarquía.

EL FIN DEL ACADEMICISMO ARTÍSTICO

En cierta manera, estos cambios influyen en el trabajo de Gustav Klimt, al que podría calificarse como «universitario clásico» al inicio de su carrera. Sus maestros, sobre todo los pintores

Ferdinand Laufberger (1829-1881) y Julius Victor Berger (1850-1902), le inculcan la noción de la belleza clásica. El joven artista pasa años reproduciendo modelos grecorromanos de acuerdo con el neoclasicismo.

EL NEOCLASICISMO

El neoclasicismo surge en Europa en la segunda mitad del siglo XVIII, gracias a la influencia creciente de la Antigüedad clásica en el arte. Las obras antiguas, sinónimo de armonía, de equilibrio y de sencillez, despiertan un interés renovado en los pintores de la época que, por consiguiente, quieren imitar en sus ejecuciones las formas grecorromanas.

No obstante, a principios de los años 1890, Gustav Klimt se pregunta acerca de la evolución de la sociedad y del arte. Junto con otros artistas, como los arquitectos y decoradores Josef Maria Olbrich (1867-1908) y Josef Hoffman (1870-1956), inaugura un cambio clave en el ámbito artístico vienés al fundar en 1897 una nueva asociación: la Wiener Secession («Secesión de Viena»), en la línea del modernismo.

El objetivo principal del grupo es exponer a jóvenes artistas locales o extranjeros y darlos a conocer, favoreciendo la coexistencia de estilos distintos. Para respaldar su enfoque, los miembros de la asociación crean inmediatamente después una revista titulada *Ver Sacrum* («Primavera Sagrada»), un título que remite al rito antiguo de la renovación: hace referencia a la formación académica de los artistas, inculcada por maestros de los que deben liberarse a partir de ahora. El escritor Hermann Bahr (1863-1934) define la misión de la Secesión vienesa en el primer número de *Ver Sacrum*:

> «Nuestro arte no es una lucha de los artistas modernos contra los antiguos, sino la promoción de las artes contra los vendedores ambulantes que se hacen pasar por artistas y que tienen un interés comercial en no dejar que el arte se desarrolle plenamente. El comercio o el arte, ese es el reto de nuestra Secesión. No se trata de un debate estético, sino de una confrontación entre dos estados anímicos»[1] (Bahr 1897, 205).

---

1. Cita traducida por 50Minutos.es

El autor destaca una renovación artística que se erige frente a lo que la opinión pública piensa que es algo evidente, es decir, la influencia del dinero sobre el arte. Una vez que los artistas se han liberado de la carga de los pedidos de los mecenas, son libres en sus decisiones estéticas.

EL MODERNISMO

El modernismo es una corriente europea y estadounidense de renovación de la arquitectura y de las artes que se desarrolla entre 1890 y 1905. Predica el arte total, es decir, la fusión de los géneros artísticos en un mismo movimiento (pintura, música, artes decorativas, arquitectura). En Alemania, toma el nombre de *Jugenstil*, por la revista epónima *Jugend*, en Austria *Sezessionstil*, en Inglaterra *Modern Style*, etc.

LA INFLUENCIA DEL PSICOANÁLISIS

Este periodo es extremadamente prolífico para Gustav Klimt, que se abre a nuevas influencias: descubre la pintura con fondo dorado y los mosaicos paleocristianos y medievales de Ravena y de Venecia. Por otra parte, encuentra una gran fuente de inspiración en las artes egipcia, asirio-babilónica, bizantina y japonesa, con lo que sigue el ejemplo de los simbolistas y de los impresionistas.

EL SIMBOLISMO Y EL IMPRESIONISMO

El simbolismo es un movimiento literario y artístico que nace en los años 1880. Según los pintores simbolistas, el arte debe reflejar una emoción o una idea más que representar el mundo natural de manera casi científica, como hacen sobre todo los artistas realistas.

En cuanto al impresionismo, se trata de un movimiento artístico clave de finales del siglo XIX y principios del XX, que se desarrolla principalmente en Francia. En pintura, el estilo impresionista se caracteriza por la importancia que se otorga a la impresión general producida por una escena y por la predominancia de los colores que se aplican sobre el dibujo a través de pequeñas pinceladas.

El artista vienés también se interesa por la temática que en ese momento está muy en boga: Eros y Tánatos (el dios del amor y la personificación de la muerte, respectivamente), que recuperan las teorías freudianas. De hecho, una gran parte de los temas que Klimt trata en sus obras tienen su origen en los análisis del célebre médico austriaco Sigmund Freud (1856-1939). El padre del psicoanálisis formula la existencia del inconsciente, que se opone a la concepción que afirma que el hombre sería completamente libre y racional: en realidad, en su opinión, el ser humano estaría gobernado por fuerzas inconscientes que no controla. En *La interpretación de los sueños* (1900), Freud propone una teoría en la que la sexualidad sería uno de los motores de nuestras acciones y de nuestros deseos, una revelación que sacude los cimientos de la moral y del equilibrio de la sociedad austriaca de la época. Cuando Klimt pinta una sensualidad descontrolada a través de mujeres desnudas con un físico andrógino representadas en posturas lascivas, está escenificando esa neurosis latente a la que Freud apunta. El artista también evoca los ciclos de la vida al representar el embarazo, la niñez y la vejez en un mundo fantasmagórico en donde todo está sujeto a interpretaciones. Así, en este final de siglo, Klimt se presenta como el motor y el actor de una generación que busca un cambio.

BIOGRAFÍA

UN HIJO DE INMIGRANTE INSERTO EN EL ACADEMICISMO

Gustav Klimt nace el 14 de julio de 1862 en Baumgarten, en las afueras al lado de Viena. Es el segundo de los siete hijos de Ernst Klimt (1832-1892), originario de Bohemia (región de la actual República Checa), y de Anna Finster (1836-1915), originaria de Viena. Los tres hijos varones de la pareja, Gustav, Ernst y Georg, demuestran un talento artístico precoz con el que su padre, que es grabador de oro, está muy contento. Dado que las oportunidades laborales son escasas para los inmigrantes, Gustav Klimt vive en la pobreza durante toda su infancia.

Es un apasionado de la pintura, así que en 1876 se inscribe en la Escuela de Artes Decorativas del Museo Real e Imperial austriaco de Arte y de Industria en Viena para estudiar pintura arquitectónica. Al contrario que muchos jóvenes artistas, Klimt acepta los principios de su formación académica conservadora. En 1877, su hermano más pequeño, Ernst (1864-1892), que quiere ser grabador como su padre, también se inscribe en la Escuela de Artes Decorativas. Ambos hermanos y su nuevo compañero de clase, Franz Matsch (1861-1942), empiezan a trabajar juntos. En 1883, terminan su formación y participan en un taller común al que llaman «la Compañía de artistas». Gustav Klimt inicia su carrera profesional pintando frescos murales para grandes edificios públicos de la capital, lo que le permite vivir cómodamente.

Tras su condecoración con la Orden del Mérito a manos de Francisco José I en 1888 por su contribución artística en el Burgtheater de Viena, de estilo neoclásico, el artista viaja hasta Cracovia, Trieste, Venecia y Múnich. Cuando regresa, más prolífico que nunca, se convierte en miembro de la asociación de aristas de artes plásticas de Viena; también le proponen una cátedra de profesor en la Academia, aunque jamás será nombrado. Asimismo, conoce a su compañera y musa, Émilie Flöge (1874-1952), a la que encontramos en muchos de sus lienzos. Sin embargo, en 1892 se produce un giro drástico en la carrera de Gustav Klimt, cuando fallece su padre y, poco después, su hermano y socio, Ernst. Este último deja a cargo de su hermano mayor una esposa y una hija. Estas dos tragedias afectan a la visión artística de Gustav Klimt, que en seguida se dirige hacia un estilo más personal y menos académico.

LA SECESIÓN VIENESA

En 1897, Gustav Klimt abandona la asociación de artistas de artes plásticas de Viena y se convierte en uno de los miembros fundadores y en uno de los presidentes de la Wiener Secession y del periódico que está asociado a esta, el *Ver Sacrum* (1897-1903). El gobierno austriaco respalda los esfuerzos del grupo y le concede un terreno público para construir una sala de exposiciones. El edificio lo construye el arquitecto Josef Maria Olbrich y se convierte en el emblema de la Secesión vienesa. En cuanto al símbolo de la asociación, no es otra que Palas Atenea, la diosa griega de las causas justas, de la sabiduría y de las artes, de la que Gustav Klimt pinta una versión definitiva en 1898.

En 1900, el artista expone en la casa de la Secesión el boceto de la *Filosofía*, junto a cuadros de paisajes. Se trata de un encargo del Ministerio de Educación que data de 1894, en el que se le pide que efectúe las pinturas del techo del vestíbulo de la Universidad de Viena. La obra, que presenta muchas alegorías femeninas con un carácter erótico, escandaliza a Viena, donde se habla de ofensa a las buenas costumbres. Sin embargo, el pintor recibe por ella una medalla de oro en la Exposición Universal de París.

En 1902, Klimt finaliza el *Friso de Beethoven* para la 14.ª exposición de los secesionistas en Viena. Tres años más tarde, el artista se retira de la Secesión, que abandona definitivamente junto con algunos amigos en 1908.

LA ÉPOCA DORADA DEL PINTOR

El último periodo de la vida del pintor está marcado por la reacción positiva de la crítica hacia su obra y el éxito popular de su trabajo. Entonces, Gustav Klimt acude a Londres y a Florencia, pero también a Bruselas, donde colabora con otros artistas en el suntuoso Palacio Stoclet, residencia de un rico industrial belga. En ese momento, este palacio es uno de los mayores monumentos de estilo modernista. Este lugar es particularmente representativo del concepto de arte total: la arquitectura no se puede separar de la decoración exterior e interior, del mobiliario e, incluso, de los objetos cotidianos y de los jardines. El comedor está completamente recubierto por mosaicos que se crean siguiendo unos bocetos de Gustav Klimt —*El árbol de la vida*, *La espera*, *El cumplimiento* (1905-1909)— y que efectúa Leopold Forstner (1878-1936) en mármol, vidrio y piedras semipreciosas.

Entre 1907 y 1909, el artista finaliza las pinturas de la Universidad de Viena (la *Filosofía*, la *Medicina* y la *Jurisprudencia*) y las expone en Viena y en Berlín. No obstante, la Universidad las rechaza por su carácter demasiado erótico. En esta época, Gustav Klimt también pinta sus cuadros más famosos, como *El beso*, realizado entre 1907 y 1908. En 1911, su cuadro *Muerte y vida* obtiene el primer premio en la Exposición Internacional de Arte en Roma. Más adelante, se organizan exposiciones en Múnich, en Budapest, en Mannheim o incluso en Dresde. Asimismo, se convierte en miembro honorario de la Academia de Artes Decorativas de Viena, mientras por otro lado el Ministerio de Educación le niega una cátedra por cuarta vez.

El 11 de enero de 1918, Gustav Klimt sufre un accidente cerebrovascular en su apartamento vienés. Muere el 6 de febrero dejando muchas obras inacabadas.

CARACTERÍSTICAS

CUATRO CENTROS DE INTERÉS CLAVE

Cuando se elabora un inventario de las obras acabadas de Gustav Klimt, es decir, cuadros y pinturas monumentales en su mayor parte, salen a la luz cuatro temáticas claras: retratos de mujeres, alegorías, su visión de la humanidad y paisajes. Solo unos pocos lienzos se alejan de estas fuentes de inspiración: el *Retrato del pianista Joseph Pembauer* (1890), el *Retrato del conde de Traun* (1896) o *Schubert al piano* (1899). La razón es sencilla: estas obras se ejecutan en un periodo en el que Klimt todavía depende de los encargos de particulares para vivir. En efecto, el retrato masculino desaparece de su repertorio desde principios del siglo XX. Algunos historiadores del arte consideran que, en realidad, las representaciones masculinas que existen en varios de sus lienzos son autorretratos, como ocurre con *El beso*, por ejemplo. Sin embargo, el artista jamás esconde su desinterés hacia sí mismo:

«No existe un autorretrato mío. No me interesa mi propia persona como "motivo del cuadro"', sino más bien otras personas, sobre todo femeninas; aunque me interesan más otros fenómenos. Estoy convencido de que como persona no soy especialmente interesante» (Fundación Juan March s.f.).

Si se añaden los bocetos de Gustav Klimt a los cuadros y a las pinturas monumentales, se puede afirmar que su tema predilecto es la mujer. Desde los inicios del artista, está representada por sí misma o de manera alegórica. En el segundo caso, remite a una idea abstracta. En efecto, el artista se aleja de la representación idealizada del cuerpo de la mujer tal y como se lo han enseñado para otorgarle un valor simbólico y erótico. Así, en sus obras, las figuras femeninas se convierten en mujeres irresistibles que pueden salvar una humanidad torturada gracias al arte y al amor.

LA SACRALIZACIÓN DE LA LUZ

Los primeros lienzos del artista se distinguen a la vez por su temática, por su estilo y por su belleza iconográfica. Con el paso del tiempo, las composiciones de Gustav Klimt se caracterizan por una densidad y por la ocupación de todo el espacio del cuadro, formado por arabescos, volutas, mosaicos o pequeños motivos ornamentales. No obstante, lo que provoca el éxito del artista es, ante todo, la incorporación de láminas de oro y de plata en sus lienzos, una técnica pictórica que utiliza por primera vez en su representación de *Palas Atenea* en 1898.

La popularidad de las obras «doradas» de Gustav Klimt es la consecuencia de una asociación entre el acabado visual mágico del oro y su carácter sagrado, puesto que evoca el valor material de los objetos preciosos. Además, la luz que emana de las pinturas gracias a la inserción de láminas de oro se corresponde perfectamente con el contenido iconográfico. La riqueza del oro recuerda a los marcos de los iconos bizantinos y rusos e influye en la interpretación: de esta manera, los desnudos femeninos de Klimt son sacralizados en una unión provocadora entre lo sagrado y lo profano.

KLIMT O EL ARTE DE LA SIMPLICIDAD

Tal y como lo atestiguan numerosas fotografías, a Gustav Klimt le agrada trabajar en casa, con ropa cómoda. Tiene un taller en su casa y le gusta moverse en sandalias, enfundado en un largo vestido y sin ropa interior. Lleva una vida sencilla, casi de claustro, que dedica a su arte y a su familia. Al contrario de lo que se puede pensar, evita los cafés vieneses que tan de moda están entre los intelectuales y se rodea de pocos artistas. Su renombre le permite tener muchos admiradores y puede darse el lujo de ser selectivo a la hora de elegir a sus clientes.

Cuando trabaja en su taller, sus modelos se ven obligados con frecuencia a posar durante largas sesiones. Su método de pintura requiere una gran paciencia. Por otra parte, se rumorea que Gustav Klimt tiene aventuras con sus musas regularmente. Así, la mitología y las alegorías de sus obras esconden una naturaleza altamente erótica. Aun así, este padre de catorce hijos ilegítimos logra mantener la discreción en su vida privada y evitar los escándalos.

OBRAS SELECCIONADAS

PALAS ATENEA

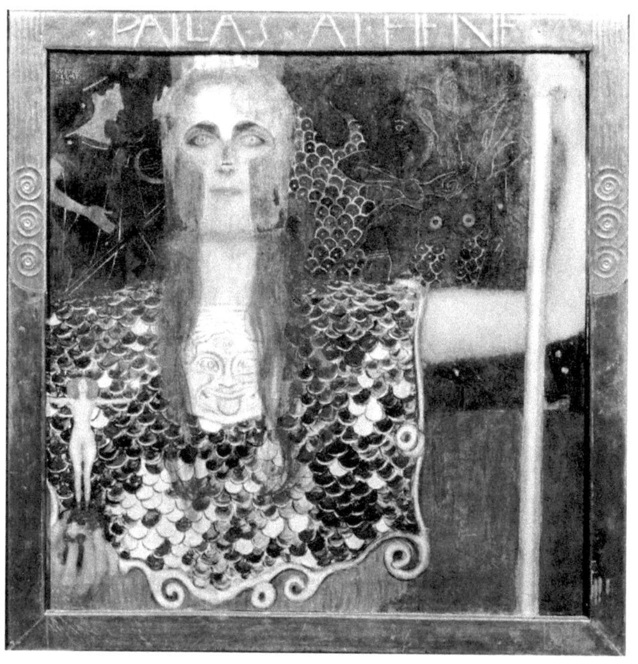

| *Palas Atenea*, 1898, óleo sobre lienzo, 75 x 75 cm, Viena, Museo de Historia del Arte de Viena.

En cierta medida, esta obra marca el inicio de

la emancipación de Gustav Klimt con respecto al arte oficial. Es elegida como cartel para la primera exposición de los secesionistas en 1898.

Tal y como su título indica, el cuadro representa a la diosa griega Atenea, apodada Palas en referencia al gigante que mata y del que toma la piel para hacerse una coraza. En la mitología, se trata de un poder andrógino, diosa de la sabiduría, de la guerra y del arte.

Esta figura es muy diferente de la de las mujeres fatales que el artista acostumbra a representar. En este caso, es la divinidad la que llama la atención de Gustav Klimt por su poder, más que la mujer en sí mismo. Tal y como ha sugerido la historia durante mucho tiempo, el poder es uno de los estímulos sexuales más importantes y el deseo de poder está estrechamente relacionado con el deseo sexual. Así, esta Atenea puede considerarse la mujer más poderosa del repertorio del artista.

Está representada con casco, vestida con una armadura de oro y sostiene en una mano la *Nuda Veritas* («la verdad desnuda») y, en la otra, una lanza que solo se ve parcialmente. Aunque el artista se inspira directamente de las numerosas representaciones que existen de Atenea en la Antigüedad, lo cierto es que marca la diferencia con respecto a estas últimas al pintar a la Gorgona (monstruo de la mitología antigua cuya cabeza está adornada de serpientes) que decora la armadura de la diosa con la lengua fuera. Igualmente, el uso de las láminas de oro indica su deseo de cambiar de estilo, pero también de liberarse de la tradición: gracias a esta forma de proceder, Atenea es intemporal y arcaica, símbolo de sueño y poder.

EL *FRISO DE BEETHOVEN*

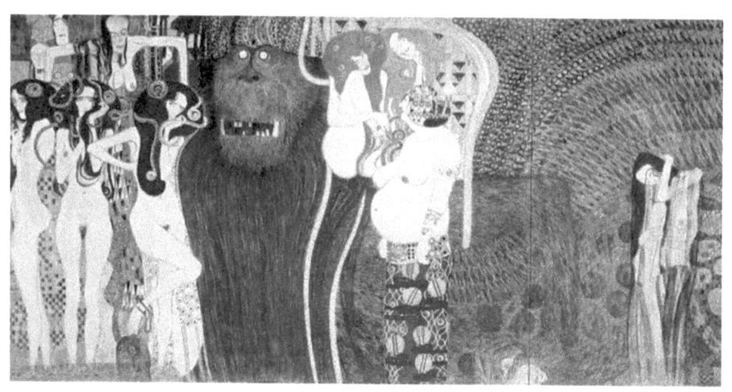

| *Friso de Beethoven*, 1902, caseína sobre fondo de estuco, 220 x 1378 cm, Viena, Galería Austriaca Belvedere. Panel central, *Las fuerzas hostiles*.

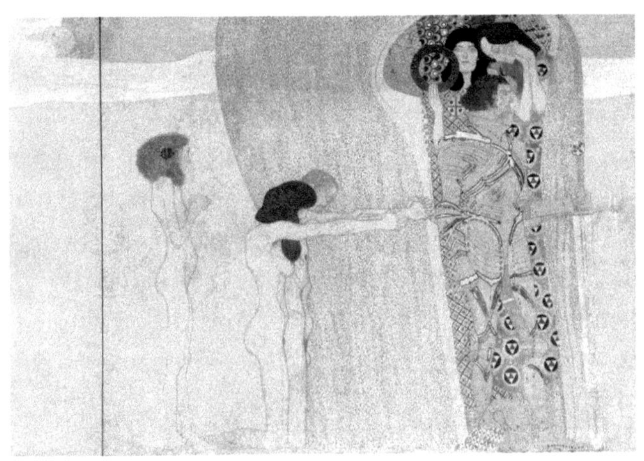

| Panel izquierdo, *La aspiración a la felicidad*.

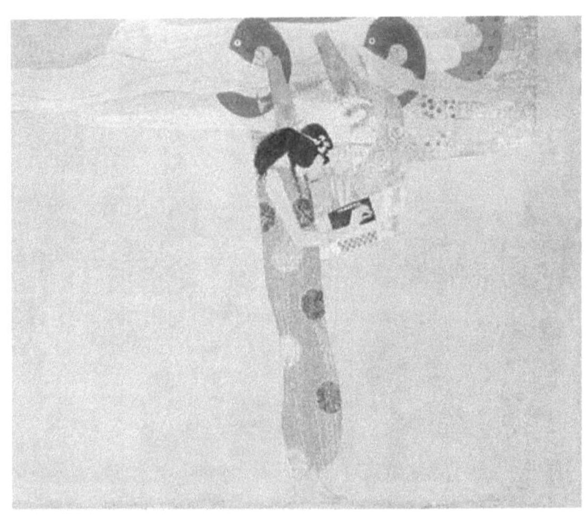

| Primera parte del panel derecho, *El beso del mundo entero*.

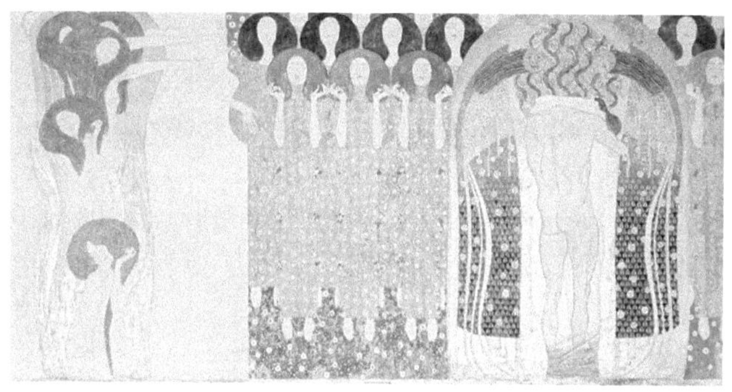

| Segunda parte del panel derecho, *El beso del mundo entero.*

El *Friso de Beethoven* es concebido en 1902 para la 14.ª exposición de los secesionistas, para la celebración del compositor Ludwig van Beethoven (1770-1827). El friso está directamente pintado sobre los muros del palacio de la Secesión con materiales ligeros, ya que el artista se preocupa más por el efecto plástico de su obra que por su conservación. Afortunadamente, tras la exposición, la pintura se conserva: en 1903, un coleccionista de arte la compra, la desprende del muro en siete piezas y se la lleva consigo. En 1973, la República de Austria adquiere la obra, la restaura y la presenta al público a partir de 1986, en una habitación del palacio de la Secesión que se construye para ello.

El tema central del friso remite al coro final de la *Novena Sinfonía* de Beethoven. Dicho de otra manera, hace referencia a la liberación de la «débil humanidad» a través del arte y del amor. El espectador sigue ese viaje musical a través de un modo visual y lineal. De hecho, la obra se lee como un tapiz de la Edad Media.

Más en particular, el friso se desarrolla en tres zonas de muro y representa tres escenas diametralmente opuestas, pero que se corresponden con sentimientos que suscita la Novena Sinfonía. La obra muestra el deseo humano de felicidad en un mundo de sufrimientos debidos a fuerzas malvadas externas, pero también a debilidades internas.

- A la izquierda, en el primer muro lateral, que mide casi 14 metros y se llama la *Aspiración a la felicidad*, figuran los «genios flotantes», que precisamente simbolizan este deseo, y también «la débil humanidad sufridora», representada por tres personajes desnudos y descarnados —una pareja arrodillada y una joven que está levantada, detrás—, que rezan al «Invencible Guerrero», a la «Piedad» y a la «Audacia», según las descripciones del artista.

Estas tres alegorías aparecen más grandes que las almas en sufrimiento y están ricamente adornadas con láminas de oro.

- En el muro central de 6,30 metros aparecen las potencias malvadas que destruyen las aspiraciones a la felicidad, tal y como indica el título del panel, *Las fuerzas hostiles*: a la izquierda, están «las tres Gorgonas», que se representan como mujeres desnudas con pelo negro largo mezclado con espirales doradas que representan serpientes, así como «Enfermedad, Locura, Muerte» en segundo plano y en altura, cuyos rostros parecen máscaras; a continuación, está el monstruo Tifón, padre de las Gorgonas, cuyas alas azules y extremidades ondulantes ocupan casi todo el muro central; en el centro del panel se escribe «Voluptuosidad, Lujuria e Intemperancia» con formas voluptuosas; a la derecha, «Dolor profundo» toma la apariencia de una mujer enroscada que parece sufrir.
- Para acabar, el muro lateral derecho, *El beso del mundo entero*, contiene «la poesía», bajo la forma de una lirista, «las musas», que abren las puertas de un universo hecho de felicidad y de amor y, en último lugar, el «coro de los ángeles del paraíso», que rodea el «beso del mundo entero».

Para esta obra monumental, Gustav Klimt utiliza un gran número de materiales diferentes y no duda en reciclar materiales no convencionales: color hecho con caseína, revestimientos de estuco, recubrimientos de oro, trozos de espejo, esquirlas de vidrio esmeriladas, etc.

LA *FILOSOFÍA*

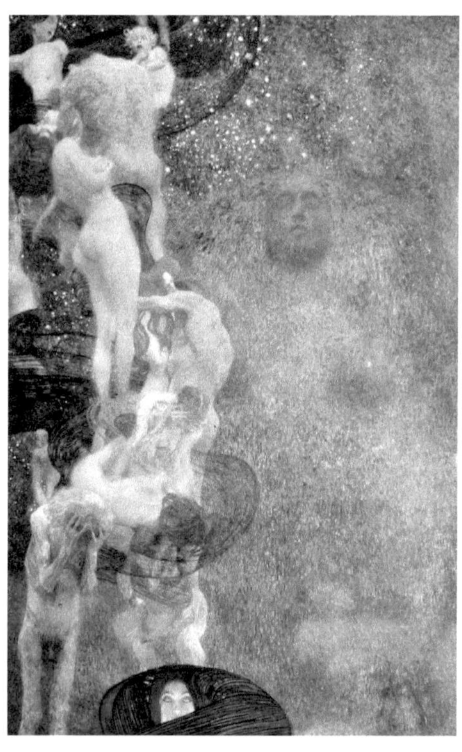

| *Filosofía*, 1907, óleo sobre lienzo, 430 x 300 cm, destruida por un incendio provocado durante la retirada de las fuerzas alemanas en 1945 en el castillo de Immendorf, en Austria.

La *Filosofía* forma parte de un conjunto de tres cuadros, también conocido como *Las pinturas para la Universidad de Viena*, que Gustav Klimt realiza para el techo del gran vestíbulo de la Universidad de la ciudad entre 1900 y 1907.

La *Filosofía*, primera de las tres obras, se presenta al Gobierno austriaco durante la 7.ª exposición de los secesionistas en marzo de 1900. Aunque obtiene una medalla de oro en la Exposición Universal de París, lo cierto es que en su propio país tiene una muy mala acogida. Las críticas se concentran esencialmente en el carácter chocante de las representaciones de hombres y de mujeres desnudos a los que se ve caer en una especie de trance a la izquierda del cuadro. El tema de la obra iba a ser inicialmente la victoria de la luz sobre la oscuridad, pero Gustav Klimt prefiere presentar una masa de sueño que no remite a nada en concreto y deja sitio a un vacío agobiante. Aunque en este aspecto se opone a las representaciones académicas de este tema, lo cierto es que su obra traduce a la perfección la atmósfera de «apocalipsis feliz» que reina en Viena en esta época.

Frente a las críticas y al rechazo de los tres cuadros que formula la Universidad de Viena, el artista decide anular el encargo de *Las pinturas para la Universidad de Viena* y devolver el dinero que ya le había entregado el ministerio austriaco. En ese momento, el pintor Koloman Moser (1868-1918) y el coleccionista Erich Lederer compran las tres obras. La *Medicina* se expone en la galería austriaca, mientras que la *Filosofía* y la *Jurisprudencia* son compradas posteriormente por el barón Bachofen-Echt y entregada al Estado a la fuerza en 1938, ya que pertenecen a judíos. En mayo de 1945, los tres cuadros son destruidos tras la retirada de las fuerzas de las SS que incendian el castillo de Immendorf para evitar que caigan en manos enemigas. Actualmente, de estas tres obras tan solo quedan bocetos preliminares y algunas fotografías.

EL BESO

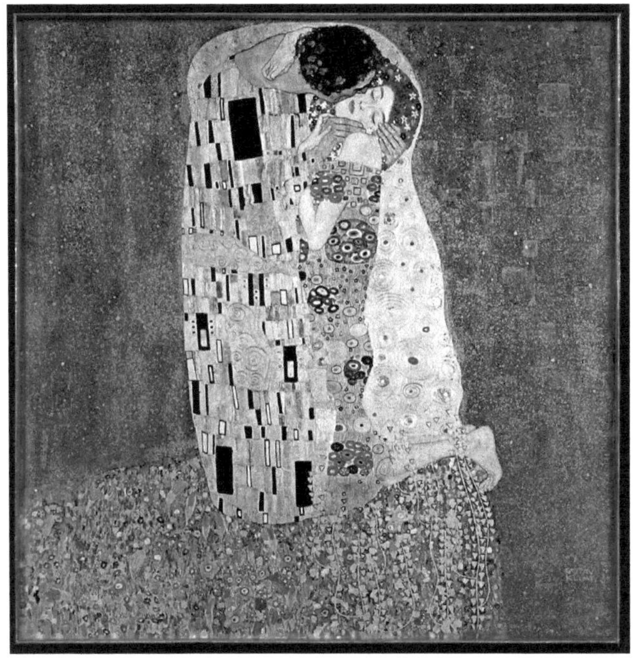

| *El beso*, 1907-1908, óleo y oro sobre lienzo, 180 x 180 cm, Viena, Galería Austriaca Belvedere.

El beso, realizado en 1907-1908, está considerado actualmente una obra maestra de la historia del arte. Se trata de un símbolo clave del modernismo vienés y del trabajo más famoso de Gustav Klimt, del que se han elaborado muchas reproducciones.

El éxito de esta obra es consecuencia de dos aspectos: la belleza seductora del oro y la representación de la pareja amorosa que encarna una felicidad erótica perfecta. La obra evoca un mundo harmonioso en el que los amantes, rodeados de un halo dorado, se aíslan en la sublimación del sentimiento amoroso, ignorando la realidad que los rodea. El fondo y el parterre de flores tienen poca importancia: no hacen referencia a un lugar, sino más bien a un espacio intemporal.

El lienzo, perfectamente cuadrado, representa a una pareja abrazada cuyos cuerpos están unidos en telas con motivos complejos. La ornamentación de la ropa aparece como si fuera un mosaico y varía según el sexo: para el hombre, rectángulos blancos y negros; para la mujer, círculos de colores y flores. De este conjunto surgen los rostros de los amantes, pegados el uno al otro, y las manos entrelazadas, que expresan una profunda intimidad. La mujer está arrodillada y se entrega a su amante con los ojos cerrados, con lo que se deja llevar por la pasión amorosa.

Desde un punto de vista técnico, la obra se compone de pintura al óleo clásica y de capas de láminas de oro, típico de la época dorada del artista.

DÁNAE

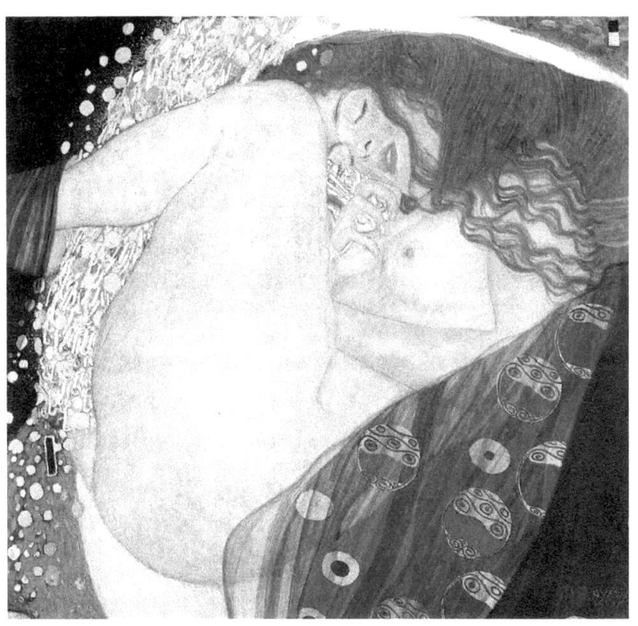

| *Dánae*, 1907-1908, óleo sobre lienzo, 77 x 83 cm, Graz, colección privada.

El mito que se representa aquí es el de Dánae. Acrisio, rey de Argos, cree en la profecía del oráculo que prevé que morirá a manos de su propio nieto, por lo que decide encerrar a su hija en una torre oscura, manteniéndola apartada de toda tentación. No obstante, la joven enciende el corazón del dios Zeus, que toma la apariencia de una lluvia dorada para embarazarla. Así, se trata de una representación de la procreación, pero también de la fertilidad universal y de la obsesión de Gustav Klimt por una sexualidad que se basta por sí sola.

El artista crea una perspectiva deformada que sexualiza todo el cuerpo de la joven. El muslo y los glúteos están en un primer plano y dan la sensación al espectador de sumergirse en el corazón de la intimidad femenina. Los colores se tratan de tal manera que la sexualidad de Dánae es el tema principal del cuadro. Su cuerpo está iluminado por el oro, mientras que el fondo negro consigue que resalte todavía más. En esta composición angosta, inédita en la historia del arte, el artista reduce a la mujer a su más simple sexualidad, mientras que Zeus constituye una decoración entre otras.

GUSTAV KLIMT, UNA FUENTE DE INSPIRACIÓN

La influencia artística de Gustav Klimt se percibe sobre todo en su país y en su ciudad de origen. Su obra inspira directamente a grandes artistas vieneses como Egon Schiele (1890-1918) y Friedensreich Hundertwasser (1928-2000). Animado por la efervescencia artística característica de finales del siglo XIX, Egon Schiele se inscribe en una nueva forma de representación del paisaje y del cuerpo humano. En cuanto a Friedensreich Hundertwasser, a la vez pintor y arquitecto, encarna unas décadas más tarde una renovación artística que se ve muy marcada por la revolución instigada por Gustav Klimt.

EGON SCHIELE

Egon Schiele, pintor y dibujante austriaco, descubre el arte de los secesionistas en Viena. Conoce a Gustav Klimt en 1907, cuando solo tiene 17 años, y reconoce en él a su modelo y a su maestro espiritual. La admiración es recíproca entre ambos artistas. Aunque son independientes en su estilo y en la representación de su tema, existen puntos comunes en las obras de los dos pintores.

Aunque ambos están particularmente preocupados por la estética del erotismo, desde un punto de vista estilístico, el trabajo de Gustav Klimt está formalmente ordenado y es decorativo, mientras que el de Egon Schiele es más torturado y más expresivo. El primero se esfuerza por alcanzar un orden a través de medios formales que, al igual que ocurre con el pintor holandés Piet Mondrian (1872-1944), se adapta a toda la colectividad. Egon Schiele, que se encuentra por su parte más cerca del pintor alemán Paul Klee (1879-1940), transcribe ideas muy personales que tienen el poder de evocar experiencias comunes. Singularmente, Gustav Klimt puede ser considerado un artista emblemático de un estilo de finales de siglo, mientras que Schiele encarna la toma de conciencia recién adquirida del hombre del siglo XX. Juntos representan la increíble riqueza creativa de los años 1900.

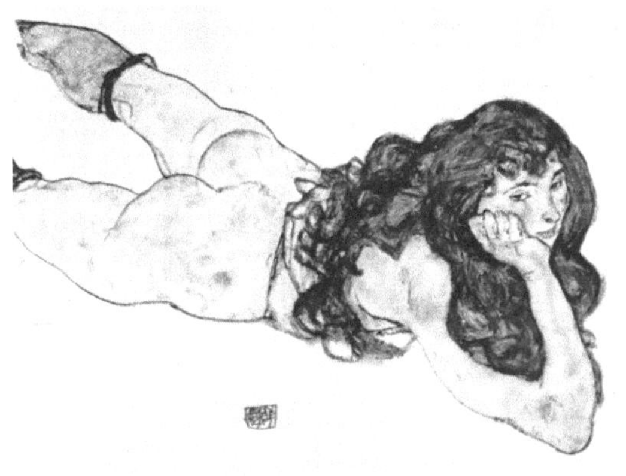

| Schiele, Egon, *Mujer desnuda boca abajo*, 1914, lápiz y gouache sobre papel, 31 x 48 cm, colección privada.

FRIEDENSREICH HUNDERTWASSER

Friedensreich Hundertwasser encuentra su inspiración en el arte, la ecología y la filosofía. Utiliza colores vivos y formas orgánicas que representan una reconciliación del hombre con la naturaleza y un individualismo fuerte. Rechaza las líneas rectas, a las que designa como las «herramientas del diablo», y muestra fascinación por las espirales. Su trabajo arquitectónico es comparable al del español Antoni Gaudí (1852-1926) en su uso de las formas orgánicas y de los mosaicos. Por su parte, la obra pictórica se inspira directamente del arte de los secesionistas y más específicamente de Gustav Klimt y de Egon Schiele, aunque nunca los conociera. Friedensreich Hundertwasser simboliza el giro drástico del arte vienés hacia el movimiento surrealista.

El surrealismo

El surrealismo es un movimiento artístico europeo de la primera mitad del siglo XX. Se caracteriza sobre todo por el uso de un conjunto de procesos creativos y expresivos que emplea las fuerzas psíquicas (automatismo, sueño, inconsciente) liberadas del control de la razón, que luchan contra los valores recibidos. Así, el surrealismo se contrapone al naturalismo y al realismo, que, por el contrario, desean plasmar la realidad de la manera más fidedigna posible, sin idealizarla o reproducirla con una imagen depurada.

EN RESUMEN

- Gustav Klimt se sitúa en la transición entre los siglos XIX y XX. Pasa toda su vida en Viena, una ciudad que en ese momento se encuentra en plena efervescencia, algo que marca profundamente su obra. La evolución de la sociedad vienesa y un ardiente deseo de renovación artística constituyen uno de los pilares del modernismo, que nace en esa época en Europa.
- Este hijo de inmigrantes entra en la Escuela de Artes Decorativas de Viena, donde recibe una formación académica conservadora. Durante y después de sus estudios, se asocia son su hermano Ernst y con otros artistas para llevar a cabo pedidos de obras de estilo neoclásico.
- Tras la muerte de su hermano, Gustav Klimt cuestiona su trabajo y efectúa un giro drástico artístico, convirtiéndose en 1897 en el jefe de filas del grupo de los Secesionistas. La Wiener Secession, en la línea del modernismo, marca el inicio de una auténtica renovación artística en Austria.
- Sus obras representan principalmente retratos

femeninos dotados de rasgos de mujeres fatales, alegorías y paisajes. Su estilo y el uso de láminas de oro y de plata en sus lienzos le granjean un éxito inmediato. Gustav Klimt renueva a la vez los temas y el arte de la pintura.

- En 1900, el artista expone el boceto de la *Filosofía*, un encargo del Ministerio de Educación. Aunque la obra, que presenta muchas alegorías femeninas con un carácter erótico, genera escándalo en Viena, le vale al pintor una medalla de oro en la Exposición Universal de París.

- En 1902, Gustav Klimt termina el *Friso de Beethoven*, pintado sobre los muros del palacio de la Secesión para la 14.ª exposición de los secesionistas. El tema central de la obra remite al coro final de la *Novena Sinfonía* de Beethoven, que expresa la liberación de la «débil humanidad» a través del arte y del amor.

- Gustav Klimt pinta sus obras más famosas entre 1907 y 1909, entre ellas, *El beso* (1908), considerada una obra maestra de la historia del arte. Entonces, el artista, conocido y reconocido a nivel mundial expone en muchas ciudades. En los albores del siglo XX, encarna a una sociedad que busca un cambio.

¡Tu opinión nos interesa!
¡Deja un comentario en la página web de tu
librería en línea,
y comparte tus favoritos en las redes sociales!

PARA IR MÁS ALLÁ

FUENTES BIBLIOGRÁFICAS

- Armiraglio, Federica. 2009. *Klimt*. Milán: Skira Mini Art Books.

- Baümer, Angelika. 2001. *Klimt et les femmes*. París: Hazan.

- Clair, Jean. 1986. *Vienne 1880-1938: l'apocalypse joyeuse*. París: Centro Georges Pompidou.

- Fliedl, Gottfried. 1990. *Gustav Klimt 1862-1918, le monde à l'apparence féminine*. Colonia: Taschen.

- Fundación Juan March. s.f. "Qué soy y qué quiero". Consultado el 10 de agosto de 2017. https://www.march.es/arte/madrid/exposiciones/klimt/klimt.asp

- Gaultier, Alyse. 2005. *L'ABCdaire de Klimt*. París: Flammarion.

- Metzger, Rainer. 2005. *Gustav Klimt: dessins et aquarelles*. París: Hazan.

- Pabst, Michael. 1984. *L'Art graphique à Vienne autour de 1900*. París: Mercure de France.

FUENTES ICONOGRÁFICAS

- Klimt, Gustav, *Dánae*, 1907-1908, óleo sobre lienzo, 77 x 83 cm, Graz, colección privada. La imagen reproducida está libre de derechos.

- Klimt, Gustav, *Mujer con abanico*, 1917-1918, óleo sobre lienzo, 100 x 100 cm, Viena, Museo Leopold. La imagen reproducida está libre de derechos.

- Klimt, Gustav, *Friso de Beethoven*, 1902, caseína sobre fondo de estuco, 220 x 1378 cm, Viena, Galería Austriaca Belvedere. La imagen reproducida está libre de derechos.

- Klimt, Gustav, *Filosofía*, 1907, óleo sobre lienzo, 430 x 300 cm, destruida por un incendio provocado durante la retirada de las fuerzas alemanas en 1945 en el castillo de Immendorf, en Austria. La imagen reproducida está libre de derechos.

- Klimt, Gustav, *El beso*, 1907-1908, óleo y oro sobre lienzo, 180 x 180 cm, Viena, Galería Austriaca Belvedere. La imagen reproducida está libre de derechos.

- Klimt, Gustav, *Palas Atenea*, 1898, óleo sobre lienzo, 75 x 75 cm, Viena, Museo de Historia del Arte de Viena. La imagen reproducida está libre de derechos.

- Schiele, Egon, *Mujer desnuda boca abajo*, 1914, lápiz y gouache sobre papel, 31 x 48 cm, colección privada. La imagen reproducida está libre de derechos.

PELÍCULA

- *Klimt*. Dirigida por Raoul Ruiz, con John Malkovich, Veronica Ferres y Saffron Burrows. Francia, Reino Unido, Austria y Alemania: 2005.

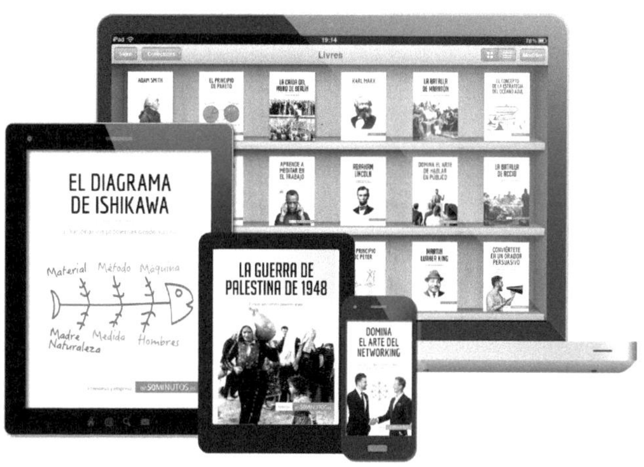

www.50Minutos.es

ISBN ebook: 9782806297631

ISBN papel: 9782806297648

Depósito legal: D/2017/12603/282

Cubierta: *Mujer con abanico*, de Gustav Klimt

Libro realizado por Primento, *el socio digital de los editores*